오프너

오프너

최승아 시집

시인의 말

상처는 상처를 알아보는

눈을 가졌다

나의 시는

낮은 곳을 바라보는

이들에게 보내는

작은 날갯짓이다

2019년

최승아

차 례

● 시인의 말

제1부

큐브 ——— 12
슬픈 시그널 ——— 14
미모사 ——— 15
나는 형질이 다른 두 개의 슬픔을 발견한다 ——— 16
오후의 노숙 ——— 17
한밤의 몽유 ——— 18
룸 ——— 20
지극히 사소한 혹은 몽환적인 ——— 22
광대들 ——— 23
이름 ——— 24
개안開眼 ——— 26
야경 ——— 27
스파이더맨 ——— 28

제2부

환승역으로 가는 무빙워크 ——— 32

오프너 ——— 34

낙원상가 ——— 36

안개조감도 ——— 37

건널목 ——— 38

감염 ——— 39

룸메이트 ——— 40

폭주 ——— 41

희망상영관 ——— 42

공원묘지 ——— 44

로드킬에 대한 ——— 46

지우다, 지워진다 ——— 47

긴 잠 ——— 48

제3부

요일들 ─── 52

웜홀 ─── 54

늪 ─── 56

데자뷔 ─── 58

열쇠 ─── 59

퇴로 ─── 60

플레인 요구르트 ─── 62

꿈꾸는 요양원 ─── 64

안개 ─── 66

월곡댁 임순 씨 ─── 68

화덕 ─── 70

봄꽃수족관 ─── 72

제4부

문 —————— 74
모라벡의 역설 —————— 76
모형집 —————— 77
짜깁기 —————— 78
결로 —————— 79
환상수족관 —————— 80
수취인 —————— 81
해피엔딩 —————— 82
방문객 —————— 83
인디언서머 —————— 84
왜가리 —————— 85
말아톤 —————— 86
이암 —————— 88

▨ 최승아의 시세계 | 최세운 —————— 93

제1부

큐브

첫 번째 방문을 노크한다

방에는 서랍이 굳게 닫혀 있고 콘솔 위에는 소리 없이 촛불이 타고 있다

두 번째 방문을 노크한다

함박눈이 쌓인 침대엔 그들의 온기가 고스란히 남아 있다 거울은 미동이 없다

세 번째 방문을 노크한다

가끔 알 수 없는 소리들이 벽을 더듬는다 벽에 걸린 '피레네의 성'이 조금씩 침식될지 모를 일이다

네 번째 방문을 노크한다

그를 노크한 순간 태어난 광기, 그는 낮은 곳으로만 기어 다니는 벌레가 된다 밀폐된 방엔 비밀이 누설되고 있다

다섯 번째 방문을 노크한다

매일 밤 조금씩 그를 갉아먹는 벼랑, 그쪽으로 다가간 것은 누구인지 알 수 없다 악몽은 달을 품고 있는 내내 계속

된다 달은 낳을 때마다 사산된다

  여섯 번째 방문을 노크한다
  그는 끝내 열리지 않는다

슬픈 시그널

지상에서 밀려난 사람들은
가장 낮은 곳으로 스며든다
내려서면 비로소 보이는
지하에는 눈먼 슬픔이 서식 중이다
이름 없는 용암이 굳을 때까지
습기를 먹고 자라는 석순
검은 날개를 웅크린 채
내 안의 갈고리를 걸어둔다
어둠이 빛을 밀어내듯
너를 외면하는 일이 그랬다
갔던 길을 돌아 나올 때처럼
우리는 부메랑을 안고 산다
다가올 슬픔을 향해
비가 내린다
젖을수록 석순은 붉거지고
사람들은 지하를 벗어나기 위해
조도에 맞는 램프를 켠다

미모사

건물 옥상의 전광판은 매일 뉴스를 재배 중이다

발육이 더딘 새는 숨는 일에 더욱 골몰한다

자란다는 건 얼마간의 두려움을 접는 것으로 시작된다

움츠리는 일에 익숙한 새는 꽃으로 핀다

저수지 난간 끝에 선 사람들, 수면 위로 붉게 물든 얼굴을 들여다본다 곧 어두워질 애인들에 대해

노을은 아름다운 순간을 위해 창문을 포기한다 죽기 위해 태어나는 곳으로부터 선입견은 시작된다

꽃은 구름을 우물거린다

물을 준 적 없는 뉴스는 오늘도 시들지 않는다

나는 형질이 다른 두 개의 슬픔을 발견한다

장롱 깊숙이 보관된 슬픔을 꺼내
계절별로 분류한다
슬픔은 낯선 여행지처럼 깊고 음울하다
변덕스런 채운이
부피를 늘리는 계절
부풀수록 추워지는
슬픔의 내피를 뒤집어본다
얼룩이 정전기를 일으킬 때마다
익숙한 계절을 껴입는다
보푸라기 일어난
환절기를 탈탈 털어낸다

철 지난 슬픔과
다가올 슬픔이
교차하는 길목

나는 오래된
나를 닫아걸고

오후의 노숙

중년의 사내들이 낡은 벤치에 앉아
초점 잃은 사랑을 두리번거리는 오후
40계단 난간에 아슬하게 매달린
카페 통유리 창에 화인처럼
마로니에가 찍혀 있다
숲으로 가지 못한
새가 이면을 방황하고
퇴락한 청춘이
시가지 밖을 서성인다
책갈피에 끼워둔
가을이 책장을 넘긴다
오갈 데 없는 사내들은
빈 술병처럼 뒹굴고
중앙역 1번 출구
계단을 내려서자
성큼, 황혼이 다가선다

한밤의 몽유

골목을 내장처럼 매달고
그가 계단을 오른다

건너편 옥상에 숨은
카메라에 그는 갇힌다
영원히 벗어날 수 없는 밤
계단은 끝없이 이어지고
금방이라도 주저앉을 것 같은
재개발구역이 철제손잡이에
간당간당 붙어 있다
겹겹이 포개진 지붕들이
서로를 부추기는 산동네
복면을 한 불안이
창을 부수고 그를 덮친다
순간 정지된 그가 목이 잘려 나간
그를 내려다본다
망치를 든 공포가 알몸으로
의자에 파묻혀 있다
무표정한 애인과 아이가

계단을 내려가고 있다
피투성이가 된 얼굴을 가린다
다큐는 자막처리 된 지 오래
쫓길수록 밤은
어둠을 투척하고 있다

룸

어제처럼 내일도 우리는
상자 속에 가지런히 담겨 있어요
아침이면 다정한 햇살과
가벼운 모닝인사를 하죠
모형접시와 모형포크가 포개진
식탁을 펼쳐요
영원히 썩지 않는 식탁 위에
어제와 다를 것 없는 내일을 차려요
케이크에 꽂은 촛불이
미세하게 떨리는 걸 알지만
가짜는 언제나 정교하죠
쉿!
문밖의 문이
문안의 문이 덜커덕거려요
불이 켜지고 바람이 도착했어요
나는 눈을 감아버렸지요
발자국들이 웅성거리기 시작했어요
문이 열리면 언제 그랬냐는 듯
방은 근엄해지곤 하지요

가짜가 진짜로 바뀌는 순간이에요

전시용 침대에서 긴 잠을 깼어요

상자가 내일을

송두리째 쏟아 버릴 거라고

가짜들이 수군거리기 시작했어요

지극히 사소한 혹은 몽환적인

　미니 케이크에 꽂힌 양초의 불꽃이 흔들리고 있다 초콜릿으로 새긴 글자는 왜 생크림의 상처처럼 보일까 잘려 나간 오후를 리필로 주문한다 아메리카노에 빨대를 꽂자 굳은 얼굴이 각얼음처럼 겉돌기 시작한다 인증샷이 액정화면에서 사라진다 창은 넓고 투명해서 밖이 내부를 꿰뚫어 보고 있다 제빵사는 작은 계량컵에 담을 슬픔의 질량을 정교하게 재고 있다 아리아는 바닥으로 가라앉는 중이다 계단과 계단 사이를 가까스로 빠져나온 나는 바깥으로 쏟아진다 폭염이 온몸을 감아 오른다 정지된 화면처럼 거리는 텅 비어 있다 신호대기 중인 나는 그만 나를 놓쳐버린다

광대들

 우리는 가면 위에 가면을 덧씌웠다 가면 뒤에 숨어 목청을 허스키로 갈아 끼웠다 소품으로 웃음을 그려 넣자 우리는 웃지 않고도 웃을 수 있었다 분장이 끝나면 우리는 조금씩 누군가의 얼굴이 되어갔다 리듬에 맞춰 허밍으로 노래를 불렀다 노래는 부메랑으로 돌아와 후생의 우리를 겨냥했다 바닥이 공중을 매달았지만 누구도 매달리지 못했다 구름을 지우자 후드득 빗방울이 떨어졌다 웃고 있었는데 흘러내린 건 눈물이었다 박수 소리는 들리지 않았다 객석은 침묵했다 무대 밖을 뛰쳐나가려다 안으로 넘어졌다 리허설은 끝이 났다 조명을 벗자 젖은 발이 꿈속으로 말려들어 갔다

이름

너는 잘 벗겨지지 않는다

어쩌면 건자두처럼
겉과 속이 하나일지 몰라
애초부터 씨앗 따위 품은 적 없었는지 몰라

허공인 줄 모르고
밤이면 아무도 몰래
사다리를 걸쳐놓은 적 있다

눈길 한 번 준 적 없는 미숙아
불혹을 넘기고
널 의심하기 시작한다

가끔 서랍 속에 웅크린
너를 뒤적거려 본다

그러나 생소하다

눈을 마주치면

난청 밖으로 굴러떨어진

내가 구석을 더듬거리는 게 보인다

개안開眼

  불현듯 올려다본 하늘이 압박붕대에 가려져 있다 저음의 안개가 수술대기실에 깔리고 움츠렸던 망막이 더듬이를 세운다 수술용 가위가 사각사각 정적을 갉아먹는다 핀셋으로 끄집어낸 불안. 불투명한 저 유리벽은 언제 걷히는 걸까 우박처럼 쏟아지는 조명이 총총, 총총총 여자의 망막에 박힌다 눈이 부실수록 어둠은 환해진다 의사는 지금 만성적인 세상을 교체 중이다 눈을 감는다 유리벽을 뚫고 나온 빛이 물감처럼 번지기 시작한다

야경

밤은 창문이다

내일을 열기 위해
창문마다 침묵이 전시되어 있다
불빛을 꺼입고
지퍼를 닫는 가방들
어긋난 지퍼가 밤을 물어뜯고 있다
전선이 걸쳐 있는 골목마다
그림자가 길어진다
빈 소파를 내려다보는
창문의 표정이 어두워진다

스파이더맨

고층빌딩 외벽에 매달린
그는 통유리창 너머를 바라본다

사무원들이 저마다 바빠
뭔가에 골몰해 있는 시간

시계탑처럼 그의
두 팔은 정오에 꽂혀 있다

잭나이프 같은 햇빛이
한낮을 긋고 지나간다

사과처럼 익은 오후가
물컹, 흘러내린다

닦아도 지워지지 않는 창문마다
그림자가 새겨진다

어둑해질 때까지 그는

지상으로 내려올 줄 모른다

제2부

환승역으로 가는 무빙워크

뒤통수들이 레일 위에 꽂힌다
원형탈모중인 뒤통수도
검고 윤이 나는 뒤통수도
가만히 서 있다
다만 서 있었을 뿐인데
보이지 않는 힘에 밀려 어디론가
조금씩 끌려가고 있다
어디로 끌려가는지 모르는 채
사라지고 있다
압축에서 풀려난 뒤통수들 사이로
허공이 투과되고 있다
환승역은 어둠을 선반처럼 걸어놓고
뒤통수들을 차곡차곡 쌓기 시작한다
일련번호가 지워진
사물함은 오래도록 보관되어 있다
혹시 모를 속도의 습격이
그들을 후생으로 폐기할지 모르지만
구간은 이후에도 계속 된다
그들은 자신을 놓친 뒤에야 비로소

그들을 찾아 두리번거린다
이어지는 행렬을
아무도 막지 않는다
누구도 막을 수는 없었다

오프너

닭은 마당 한 귀퉁이
수도계량기통에 빠져 죽었다
벼슬이 막 자라기 시작한
닭을 묻으러
마당을 파는 동안
한 뼘의 생략된 주검에서
검은 물이 뚝뚝 흘렀다
어린 닭의 이불은 침묵일까
불안을 파헤치자 의심은
흙을 파는 내내 흘러나왔다
담장이 무너질 거라는
옆집 외순이 엄마의 외침 따위는
귀 밖으로 흘릴 만큼
우리는 조숙했다
죽음이 칭얼거리는 소리가 매일
잠꼬대처럼 들려왔다
동생과 나는 그 끔찍함을
은폐하러 십자가를 찾았다
피멍 든 손톱으로

마당을 파고 또 팠지만
십자가는 재연되지 않았다

낙원상가

만찬을 사러 갔어요

팔고 남은 하이에나가 창고 가득 쌓여 있네요

애절한 눈빛으로 흥정을 해요

덤으로 코끼리를 끼워준댔어요

문 쪽을 기웃거린 건

창고 가득 쌓인 하이에나예요

팔리지 않는 하루가 지루해진 거죠

러시아산 고양이가 간신히

하품을 참고 있는데

지금부터 티타임이라네요

디저트는 루와 한 접시

벽면 빼곡히

앤티크한 거품이 치장되어 있어요

요행을 기대했지만

상아가 스콜을 토해내네요

서둘렀지만 만찬은 이미 끝났어요

안녕

이제 문 닫을 시간이에요

안개조감도

 눈에서 지독한 안개가 흘러나왔다 어두워질 때까지 바다만 본다는 안과의는 습지 같은 미래가 안개의 발원지라는 처방전을 내놓는다 확대경으로 본 백악기에는 지나온 침묵이 고스란히 보관되어 있다 부표처럼 떠 있는 등대, 집을 지어 본 사람은 안다 도면과 실체 사이에 개입할 수 없는 안개, 언젠가 위험한 짐승처럼 버티고 있는 팻말을 본 적 있다 ―여기서부터는 안개 구간입니다― 철로 옆에는 간이역사가 쉼표처럼 떠 있다 역무원의 붉은 깃발이 구름을 흔든다 잘려진 건널목에 잠시 노을이 출렁,한다

건널목

옹벽 사이로 끊임없이 울음이 흘러나오고 있다

가장 가까운 곳으로부터 계절은 멀어져갔다

바람을 피하려 종일 반대편 쪽을 바라본다

바람은 어김없이 도착했고 묘역에는 연고 없는 얼굴이 나뒹굴고 있다

조화가 활짝 핀 정원은 통성명을 나누지 않는다

망각은 조금 더 빠르거나 구체적으로 다가온다

잘못 내려진 차단기로부터 그리움은 시작된다

간간히 신작로를 빠져나가는 구름의 뒷모습이 보인다

건너오지 못하는 네가 건너가지 못한 내게서 점점 희미해지고 있다

감염

빗줄기가 다급히 현관문을 두드린다
사이렌 소리가 주춤하는 사이
남자의 목이 빗줄기에 감겨든다
모두가 잠들었지만 잠들지 못하는 밤
핏자국 선연한 고양이의
날 선 울음이 아파트단지를 긁고 있다
구급대원이 조심스레 불안을 수습하자
희극처럼 새벽이 찾아왔다
불면이 깊은 불안
벗어나려 할수록 비명 속으로
빠져드는 얼굴
침묵은 더욱 길어진다
마스크를 낀 얼굴이 지하철을 향해
계단을 내려가고 있다

목이 잘려 나간 그가
시간 밖으로 떨어진다

룸메이트

　벽에 걸린 시계가 아가리를 벌린 채 덮쳐오는 데 멈출 줄 모르는 저 식탐 계단 위에 쓰러진 아버지를 삼키는데 우울에 갇힌 엄마를 조각조각 찢어발기는데 밤이면 머리맡에 버티고 앉아 똬리를 트는데 오늘은 무엇을 해치울까 긴 탐욕을 날름거리는데 들러붙어 떨어질 줄 모르는데 불안은 나를 질질 끌고 다니는데 악몽은 집요하게 고개를 치켜드는데 불면의 뒤꿈치마다 굳은살이 박혀 오는데 째깍째깍 깎인 밤들은 무디어 가는데 이 지루한 동거는 언제 끝이 나는지 도무지 알 수 없는데

폭주

그는 한 밤을 종횡무진 달린다
주말명화 속 코뿔소처럼
괴성을 지르며 달린다
밤의 화면을 찢고 달린다
돌아가는 법을 모르고 달린다
고요할수록 두드러지는 질주
길들여진 야생이
본능을 흡반처럼 달고
전력을 다해 달린다
갈기를 휘날리며 달린다
전속력으로 달린다
야유를 질겅질겅 씹으며 달린다
영문도 모르고 달린다
달리기 위해 달린다

트랙을 벗어나 본 적 없는
그는 멈추는 법을 모른다

희망상영관

축제는 끝이 났네
열차는 오지 않고
벽화가 그려진 역사에서
늙은 연인들이 셀카를 찍네
이카루스의 날개를 달고
날아오르는 흉내를 내네
단상은 턱없이 높고
날개는 밀랍처럼 굳어 있네
축제가 끝난 무대 뒤에는
의자들이 뒤엉켜 있고
찢겨진 현수막이 공중에 펄럭이네
빛바랜 이발소간판이
추억을 줌인하는 동안
표류하는 드론
우체통 속에는 어디에도
배달되지 못한
엽서가 보관되어 있네
확성기에서는 만개를 기다리는
품바타령이 맥없이 흘러나오네

어디로 기울어질지 모르는 셀카가
회귀선 밖으로
늙은 연인들을 밀어내고 있네

공원묘지

조화 한 다발 정수리에 꽂는 것은
최선의 추모방식인지 모릅니다
그녀는 이제 보이지 않습니다
명정을 발끝까지 덮고
구약부터 신약까지
상석에 슬픔 한 순배 올립니다
곧고 힘차게 당신이 피어납니다
비석마다 묵음을 새깁니다
어깨를 들썩이던 상복들이
나란히 키를 맞춥니다
개미 떼처럼 구릉이 순간이동을 합니다
언제나 광풍이 동행을 합니다
그러나 당신을 대변할
십자가는 이미 늙어버렸습니다
꽃피고 지는 일이 다반사인
산이 골짜기를 드러냅니다
밤이면 먼저 도착한 도깨비불이
산책을 즐깁니다
당신 또한 조용히

지하로 떠날 채비를 서두릅니다

로드킬에 대한

그의 죽음은
저녁 뉴스를 통해 알려졌다
정해진 세상 밖을 벗어나 본 적 없는
그가 지독한 허기를 어떻게 견뎠는지
사람들은 알 길이 없었다
다만 노루 같은 눈망울은
철근 더미에 깔려서도 빛을 잃지 않았다고
사고 현장의 인부들은 전했다
불황이 도미노처럼 이어지자
방향감각을 잃은 그에게
도로는 무덤이었고
흉기가 되었다
질주하는 빛에 찔린
길이 빗물에 뒤엉켰다

이제 그가 다니던 길은 없다

주지승의 청아한 불경 소리가
그를 종료 중이다

지우다, 지워진다

땡볕이 내리쬐는 갓길
살수차에서 내린 공공근로자들이
벽보 위에 물을 끼얹고 있다
벽과 한 몸이 된 채
떨어지지 않는 포스터
죽어서도 흔적을 남기는 생이
구호를 외치며 뜯겨나간다
너덜거리는 자국 위로
한 떼의 먹구름이 몰려온다
어디로 튈지 모르는 구호
의미만 남은 글자 하나가
안간힘을 쓰며 버티고 있다
잘못 든 길을 돌아 나오고 싶을 때
이정표 하나쯤
붙박아두고 싶은 것이다

긴 잠

긴 밤들의 무덤이에요

빛이 모두 압사한
이곳은 심해
퉁퉁 불은 이름표가 떠다녀요
끝나지 않은 여정이 매몰되어 있는
이곳에서 밤마다
벼랑을 긁는 악몽을 꿔요
손자국이 압화된 창은 더 이상
바깥을 허용하지 않아요
핏빛 창이 벼랑으로 바뀌는 순간
우리는 종종 같은 꿈을 꿔요
수없는 밤을 보내고
수정된 궤도 밖으로
사라지는 연습을 해요
수장된 침묵이 이어지고
움켜쥔 손들이 서로를 놓아주려 해요

이제 우리는 오랫동안 늙지 않는

긴 잠에 빠져들 거예요

제3부

요일들

월요일을 켠다

팡팡 터지는 요술 상자들

두루마리처럼 요일들이 풀려 나온다

눈이 퀭한 할머니가
불안한 엄마가
내일 죽은 동생이 걸어 나온다

익반죽 된 시간이 쏟아진다

곤죽이 된 월요일
설익은 화요일을 덮친다

가로를 맞추면 세로가 무너지고
세로를 맞추면 가로가 무너지는
판도라의 상자들

불꽃이 튀는 건 한순간

꼬리 잘린 한 주가
도마뱀처럼 달아난다

웜홀

소우주가 도착했다

착상과 계류를 오가던
시험관시술 6주
주인 잃은 발자국 한 채
기척이 없다
봄은 그저 오지 않는 듯
예측할 수 없는 곳으로부터
바람은 분다

블랙홀과 화이트홀 사이
행성은
몇십억 광년 밖으로 사라진다
잠시 건너왔다 이슬로 사라진 소우주
거푸집만 남기고
가시권 밖으로 멀어진다

시공간 어딘가
아가미가 퇴화된 풀씨 하나

꽁꽁 언 벽을 파고든다

늪

형무소 앞 냉골 방에
노모가 산다

간절한 기도는 화석이 되어가고
노모는 속울음을 울고 있다
울음이 얼마나 더 깊어야
바닥에 닿을 수 있나

멈춘 시간이 바닥에 고이면
가시연처럼 혼자서도
꽃을 피우는지

겨울 늪에 닿으려면 발자국마다
숨을 죽여야 한다

떠난 새들이 끼룩끼룩 모여드는 저녁
젖이 퉁퉁 불은 늪은
너른 품을 열어두고 있다

무엇이든 품고 싶은 겨울밤
어린 새들이 성호를 긋고 지나간다

속죄하듯
일억 오천만 년 가슴을 졸인
노모는 기다리고 또 기다린다

데자뷔

   초읍 새싹로 8차선 도로, 전경들이 부동자세로 서 있다 보행 신호가 바뀐 횡단보도를 여자가 햇덩이를 끌어안고 뒤뚱거리며 건너고 있다 자동차에서 튀어나온 눈알들이 일제히 클랙슨을 눌러댄다 물컹해진 아스팔트가 더운 김을 뿜어낸다 먼지를 뒤집어쓰고 달려오는 아버지, 백미러에 쓰러진다 길을 잡아당기는 신호등 멀어질수록 굽은 지팡이가 횡단보도를 더듬거리며 건너고 있다

열쇠

그의 허리춤엔 언제나 한 움큼의
열쇠가 매달려 있다
평생 열어야 할 문들
걸을 때마다 쩔그렁 소리를 지른다
어디에 있건 열쇠는
그를 꿰차고 다닌다
출구에 길들여진 그는 잠시도
열쇠를 벗어날 수가 없다
산행 길에서 열쇠가
그를 놓치고 만다
어둑해진 솔숲 사이로
봉분들이 일어선다
그는 잃어버린 열쇠를 찾아
허둥대며 산을 헤맨다
열어야 할 문은 얼마나 더 남았을까
수없이 복제되는
문들이 하산을 서두르고 있다

퇴로

폭우에 갇힌
학교를 등지고 서둘러
운동장을 빠져나왔다

마중 나온 바람이 언니를 낚아채자
떨어져 나온 슬래브 지붕이
엄마를 질질 끌고 다녔다
벗겨진 꽃신이 전신주에 걸려 넘어졌다

엄마
날아간 건 지붕만이 아니잖아요
철근에 찢긴 아버지가 자맥질을 해요

성장판이 닫힌
하늘은 재기를 꿈꾸지만
엄마를 꺼내기엔
내 팔은 턱없이 짧았다

코피를 자주 쏟은 동생은

거울나무처럼 핼쑥해져 갔다

사시나무처럼 떨고 있는
동생을 건네주자
깍지를 낀 엄마가
수로 쪽으로 돌아누웠다

플레인 요구르트

엄마가 밤새
내 머리를 휘휘 젓고 있다

나무주걱을 들고
윗목에서 아랫목으로
지하에서 지상으로 휘저을 때마다
발육이 더딘 나는
자주 경기를 했다

경기에서 깨는 날이면
나는 나로부터 점점 멀어져갔고
불면은 길어졌다

발효가 늦는다는 건
무취의 날 또한 길어진다는 것

섞이는 일에 서툰 내가
제 빛깔을 잃자
뜨거워질 수 없는 방이 차갑게

나를 분리하고 있었다

꿈꾸는 요양원

배스킨라빈스 지나 희망제과를 지나
요양원이 있다

문은 굳게 잠겨 있고
바람은 무딘 시간을 난자했다
그곳에 은폐된 채
부품처럼 돌아가는 사람들

내 잠 속에는 꿈이 없다

가을을 봄이라고 우기는 계절
고개를 넘지 못한 해는
통유리창 너머로 하산을 서둘렀다
멈칫거리는 복도 앞에
유성이 떨어졌다

문을 닫을수록 복도는 길어졌다
문은 밖에서만 잠그는 게 아니라
안에서도 잠그는 것이었다

졸피뎀이 위장관을 타고 흘렀다
잠은 오지 않았다

안개

탁자 위에서 오래 잠이 들었다

잠든 사이
내 몸 여기저기 별이 돋았다
돋아난 별은 좀처럼 지지 않았고
방학은 조금씩 앞당겨졌다

화병에 꽂힌 화농이 번졌다
배를 움켜쥔 동생이
황사를 뒤집어쓴 채 뒹굴었다
손이 닿지 않는 곳으로
계절은 멀어져 갔다

예민해진 불빛이
전광판의 수골함 6번을 지웠다
방학이 끝날 무렵
내가 꾸는 꿈속으로
검은 리본이 되돌아 나오곤 했다

회갈색으로 번진 울음이
대기실에 주저앉았다

수의를 입은 가을은
다시 돌아오지 않았다

월곡댁 임순 씨

매년 식목일 때마다 경주최씨 종친회 열리지요
햇살이 상동면 유천리를 메울 때쯤
일가 며느리들 야산에 가마솥 걸어놓지요
가마솥 가득 끌어올린 시름
설설 끓기 시작하는데요
웬만한 시름은 장작불에 뭉근히 고아내지요
세상 먼저 등진 어른들 다음으로
집안 큰 어른 월곡아지매
앞장서서 진두지휘하지요
큰 손바닥 위에 쥐락펴락하는 똘뫼산
꽹과리가 선창을 하면
흥이 올라 덩실덩실 춤을 추는데요
막걸리 한 잔에 벌게진 대추나무

쩌렁쩌렁 울리던 종가마당은 사라지고
노인병동중환자실에 누운 월곡아지매

튜브에 젖줄 달고
기저귀 차고

말문 꼭꼭 걸어 잠근 채
십 년째 단식투쟁 중인데요

저 긴 시위는 언제 끝내려는지요

화덕

오래된 화덕 하나
다다미방 구석에 웅크리고 있다

하얀 재로 수북이 덮여 있는 불씨
한 번도 활활 타오른 적 없는 할아버지

툭툭
곰방대를 털 때마다
화롯가에 불꽃이 튄다

하얀 명주적삼 위로 길게
늘어뜨린 수염

할머니 잔소리에 이력 난 뚝심
―양반은 곧 죽어도 양반인기라―
잿더미 속에 빼끔거리다
이내 사그라지는 불씨

정오가 겨울비에 흠뻑 질척이는 동안도

화덕은 미동이 없다

봄꽃수족관

엄마가 바닥에 납작 엎드려 있다

부스스 꽃잎처럼 떨어지는 비늘
세찬 물살에 부대낄 때마다
고요해지는 엄마
짓눌린 꼬리뼈가 휘어져 있다

파도는 언제 잠잠해지는 걸까

창밖 봄꽃이 흩어질 때마다
눈만 끔벅이는 엄마
똑똑…
눈금이 다 된 햇살이
벼랑으로 떨어진다

꽃들의 안부가 궁금해진 엄마
수면 밖으로 연신
입을 뻐끔거리고 있다

제4부

문

쾅!
그가 닫힙니다

이제 그는
안을 보여주지 않습니다

현관은 거실을 암호처럼 숨겨둡니다

탁자 위에 펼쳐진 고요
한 모금 마시다만 적막이
남은 김을 피워 올립니다

창밖에는 비의 반주가 시작됩니다

비처럼 많은 것들이 지나갑니다

화르르 꽃비가 쏟아집니다
피면서 떨어지는 꽃입니다

봄은 소강상태가 됩니다
휴면계좌처럼 거리는 비어갑니다

그는 여전히 굳게 닫혀 있습니다
그만의 비밀번호를
나는 알지 못합니다

모라벡의 역설

시시각각 당신을 검색한다
데이터가 무제한인
당신은 언제나 예민한 촉수를 세운다
가끔은 당신을 끌 때가 있다
당신에게 나는
단축번호 몇 번으로 저장될까
조각을 내지 않고
우리를 나눌 수는 없나
서로의 토핑이 되지 못한 채
위로가 쪼개질 때
떨어진 조각을 기억한다
당신에게 쉬운 것이
내겐 어렵고
내게 쉬운 것이
당신에게 그토록 어려웠다니
엇박자인
당신과 나를 가만히 내려놓는 밤

모형집

소리 없이 잠들지 못하는 남자
소리 때문에 잠들 수 없는 여자

기호가 다른 구조마다
서로 다른 배치도를 그린다

전시가 끝나면 거품처럼 사라지는 집

너는 나를
나는 너를
부정하지 않아서 좋다

소리의 근육이 불거지면
조금씩 축소되는 사랑

그들은 언제나 반복된 질문을 한다

우리 언제 사랑한 적
있기는 했니?

짜깁기

건딜 만한 날과
삭제하고 싶은 날을 잇대어
촘촘하게 박음질한다

울고 싶은 나와
웃고 싶은 내가
불연속적으로 짜깁는 복화술

슬픔의 계보를 따라가면
금 간 기억 하나쯤 감추고 있지요
우리 상처 따위는 묻지 않기로 했잖아요
솔기가 지나간 흔적은 모른 척해요

그럴듯하게 잘 직조된
슬픔 한 줄,
우울 한 줄

우리,
이만하면 감쪽같지 않나요

결로

벽 하나를 사이에 두고
밖은 안을 외면하고
안은 밖을 외면한다
가장 근접한 거리에서 나는
뜨거운 커피를 홀짝거리고 그는
투샷으로 냉커피를 들이킨다
유리컵에 맺힌 물방울이 당신의
눈물인 줄 착시를 일으킨 적 있지만
동쪽과 서쪽은 생각이 다른 눈물
견뎌야 할 온도는 단호하다
안도와 불안 사이에
다초점 렌즈를 갈아 끼우고
닿을 수 없는 극점은
그들만의 벽으로 요약된다
바람은 어디로부터 시작되는가
한 편의 절망을 우물거리고
모두들 낄낄대지만
우리는 각자의 방식으로
서로를 겉돌고 있다

환상수족관

붉은 수조 속에
그녀들이 진열돼 있다

밀랍처럼 바른
분 냄새가 부풀어 오르는 저녁
번개장이 열리자
어둠이 호객꾼처럼 다가선다
손가락 끝에서
막다른 뒷골목이 흥정을 끝내면
뇌쇄적으로 피어나는 불빛
남태평양에서 뉴월드까지
물결 따라 흘러온 영혼들
_ 입술만은 팔지 않겠어 _
밀봉된 벽마다 휘갈긴
낙서가 만신창이 된 쪽방
얼룩진 캐시밀론 이불 속에서
출구는 압사 당하고
실종된 방들이
수조 안에 허우적거린다

수취인

당신이 배달되었다

꽃씨가 환부처럼 박힌 정원에
당신은 봉인되어 있다

당신을 펼치면
낙타가 걸어온 소인마다
모래언덕이 열린다

폭풍우 치는 날
안개처럼 흘러 먼 곳까지 도착한
당신은 의외로 담담하다
모래가 서걱거리는 후면 어딘가에서
만개할 정원을 생각한다

당신이 낙관한 정원

내가 앓던 모래언덕을
당신 또한 앓고 있으므로

해피엔딩

불판 위에 달아오른
잡담이 지글지글 익어간다

언제 구워질지 모르는 수다
익었을까 설익었을까
젓가락 먼저 찔러보는데

겉과 속이 다른 건배가
입속으로 장렬히 쓰러진다

골목마다 욕설로 만원인 밤

네온이 자정으로 흘러가고
주머니를 탈탈 털린
욕설이 지하로 내려간다

전원 무사귀환 중
메시지 창이 뜬다

방문객

　비가 담벼락을 넘는다 한껏 몸을 밀어 올리는 달팽이는 여름을 넓혀가고 있다 블라인드가 뒤척거리며 어둠을 익혀간다 얼룩진 벽지가 바닥으로 흘러내린다 모노톤의 액자가 진부한 표정으로 거실을 훑어보고 있다 펼치다 만 신문의 활자들이 구불거린다 무엇을 방영하는지 모르는 티브이가 지직거리며 방향을 잃어가고 있다 초인종이 울리고 장마가 스크린을 흔들어 깨운다 어디서부터 시작되었을까 안개가 흘러온 경로는 아무도 눈치채지 못한다 집배원이 전해준 문자가 비처럼 스멀거린다 오래도록

인디언서머

늙은 개의 혓바닥에
낮달이 길게 늘어져 있다

한낮이 바닥에 흥건하다

우리는 태양을 요리조리 돌려가며
정수리부터 조금씩 뜯어먹기 시작했다

시간은 파운드케이크처럼 부드럽고
정오는 길게 이어지고 있었다

우리는 여전히 배가 고팠다

그늘을 베고 누웠다
잠은 오지 않았다

지구본은 끊임없이 낮달을 낳고 있었다

왜가리

난간 끝에 그는 부러졌다

굴삭기로 퍼 올린 달을 떼어내자
뻘물을 뒤집어쓴
익사체가 떠올랐다

통발 속으로 기어드는 불빛

잘못 배치된 가구처럼
구름을 이식하자
건너편 아파트 창문마다
화르르 불빛이 피어난다

그는 지금 임시가교 앞에 서 있다
언젠가 건너야 할 둥근 탑

왜가리는 외발로
긴 겨울을 날 것이다

말아톤

탕!
결의를 쏜다
오색풍선이 허공을 터뜨린다
웅성거리는 트랙에
볼링 핀처럼 꽂힌 주자들
두건을 두른 봄꽃들이
운동장 밖으로 우르르 몰려나간다
끈을 조여 맨 신발마다
떠밀리듯 달리는 천변
가쁜 호흡을 바람에 헹구면
희뿌연 한낮이 지워지고
가로수 잎사귀들 온몸을 흔들며
열띤 응원을 한다
주자들만이 달리는
통제된 차선 밖으로 곁가지처럼
앰뷸런스가 달린다
미처 따라붙지 못하는 꽃잎이
포복을 한 채 중앙선을 기웃거린다
반환점에서 봄은 다시 시작되고

털썩 주저앉는 해

떼구루루

골인선 밖으로 굴러간다

이암*

너와의 접속을 시도한다

어둠은 단단하게 굳어 있고
화면에는 풀 데이터라 뜬다

사소함이 원인이라며
수리공은 고개를 가로젓는다

부팅되지 않는 자판에
열대 우림이 빼곡히 들어선다
잠시 원시림으로 돌아간다

상형문자 같은 우울이
새의 발자국을 따라간다
내 속에 알 수 없는
뿌리들이 자라 나오고 있다

잿빛 하늘이 내려앉는다
굳어진 페이지는 다음을 넘기지 못한다

실행되지 않는 프로그램은

끝나지 않는 침묵이다

* 진흙이 굳어져 생긴 암석.

최승아의 시세계

타자의 시간

최세운

최승아의 시세계

타자의 시간

최세운

(시인)

　여기 '두드리면 열린다'는 문이 있다. '과연 그럴까' 의심하는 밤은 깊다. 문은 여전히 닫힌 채였다. 이따금 문 너머에서 뭔가를 두드리는 소리가 들렸다. 그곳에 웃자란 식물들이 있었고, 낡은 책상과 의자가 있었다. 책상 위에 오래된 노트가, 의자에는 춥고 눅눅한 외투가 걸렸다. 문고리를 잡아당겨도 열리지 않은 날이 많았다. 문은 벽이 아니었다. 문은 열린 복도나 통로도 아니었다. 불현듯 어느 날에 문이 열렸고, 눈부신 어느 날에 문이 닫혔다. 그럴 때마다 더 깊은 어둠이 문틈으로 새어 나왔다. 문 너머에 문들이 있었고. 누군가 열리지 않는 문을 두드리고 있었다.

　최승아 시인의 『오프너』는 문 앞에 선 '주체'와 문 너머에서 문고리를 단단히 쥔 타자他者의 세계를 그려낸다. 주체가 마주한 '문'은 의식의 안과 밖, 기억과 착란의 경계에 나 있다. 주체는 '열린 문'을 통해 타자의 세계에 진입해 들어가며 비일상적 시계視界와 기꺼이 마주한다. 그것은 주체의 "젖은 발이 꿈속으로 말려들어"(「광대들」) 가는 순간이며 "그만 나를 놓쳐 버리는" '지극히 사소하고도 몽환적인'(「지극히 사소한 혹은 몽환적인」) 비일상의 사건이다. 타자의 세계는 지극히 타자로부터 온다. 문이 열리고 닫히는 것은 주체의 의지에서 비롯되지 않는다. 기억은 언제나 문안에 있다. 금이 간 거울은 문 너머에 있다.

　『오프너』의 주체는 철저히 '보는 주체'로 설정된다. 촘촘히 그려진 일상에서 비일상의 '사건'들을 목격하는 주체의 시각은 불분명하거나 흐려져 있다. 주체의 시계 너머에서 틈입하는 타자와 타자의 세계는 일상의 분명한 구획들을 소실되게 하고, 굳게 믿고 있던 의식의 전반을 의심하게 한다. 문밖에 문이 있고, 문안에 문이 있는 것처럼 주체가 마주한 타자의 세계는 점층적으로 쌓여 있고 폐쇄적이며 밀폐되어 있다. 문안의 또 다른 문이 주체에게 어떤 타자의 형상으로 안내할지 아무도 모른다. 타자의 세계는 완전히 타자의 것이기에 문밖에 선 주체에게 타자를 마주하는 일은 착란으로 미끄러지거나 왜곡된 상像으로 흐려지는 것이다. 그것은 비현실적인 착란으로, '보는 주체'의 "눈에서 지독한 안개가 흘러나오는"(「안개조감도」) 순간이며 "익반죽 된 시간이 쏟아"(「요일들」)지는 세계이다. 타자의 세계는 구체적이면서 불투명한 비의식의 기억에 있다. 그렇기 때문에 주체는 자신의 '팔이 닿지 않는'(「퇴로」) '공간'에 집착한다. 문이 열리고 비의식의 전횡이 일어날 때 주체는 자신의 위치를 확인하려 한다. 문 앞에 서 있는 주체와 문 너머의 타자는 거울에 나타난 각자의 '상'으로 마주하는데 이때 반영되는 '공간'은 중요한 위치를 점하게 된다.

    첫 번째 방문을 노크한다
    방에는 서랍이 굳게 닫혀 있고 콘솔 위에는 소리 없이 촛불이 타고 있다

    두 번째 방문을 노크한다
    함박눈이 쌓인 침대엔 그들의 온기가 고스란히 남아 있다
    거울은 미동이 없다

    세 번째 방문을 노크한다
    가끔 알 수 없는 소리들이 벽을 더듬는다 벽에 걸린 '피레네의 성'이 조금씩 침식될지 모를 일이다

    네 번째 방문을 노크한다

  그를 노크한 순간 태어난 광기, 그는 낮은 곳으로만 기어다니는 벌레가 된다 밀폐된 방엔 비밀이 누설되고 있다

  다섯 번째 방문을 노크한다
  매일 밤 조금씩 그를 갉아먹는 벼랑, 그쪽으로 다가간 것은 누구인지 알 수 없다 악몽은 달을 품고 있는 내내 계속된다 달은 낳을 때마다 사산된다

  여섯 번째 방문을 노크한다
  그는 끝내 열리지 않는다

―「큐브」 전문

 「큐브」는 다층적이고 다면적인 타자의 공간을 구축한다. 그 공간이란 연쇄적이고 동시적으로 재생되는 분열적 공간이다. 타자에 의해서 열리고 닫히는 '큐브'는 비의식의 공간이자 밀폐된 타자의 세계인 것이다. 문을 통해 보게 되는 타자의 세계는 다른 차원의 시공간이며 동시에 재생되는 타자의 입방체이다. 노크를 하는 주체는 언제나 문밖에 있다. 그리고 열린 문으로 보이는 타자의 세계는 주체의 의식 너머에 있다. 타자의 세계는 다층적이고 다면적이며 의식의 모든 연결 고리가 끊어진 비의식의 공간으로 나타난다. 타자의 세계에서 '그'로 호명되는 타자의 형상은 가늠되지 않으며 낯선 사물이자 물성을 가진 대상일 뿐이다. '큐브'는 고정된 공간으로 연

결되지 않는다. 다면체의 세계이고 동시에 재생되며, '알 수 없는' 타자들로 이뤄진 공간이기 때문이다. 주체는 노크하는 행위를 통해 타자의 세계에 진입하고자 하지만 문을 여는 주체는 언제나 타자에게 있다. 타자의 세계는 불현듯 시작되며 안개처럼 사라진다. 「큐브」에 나타난 타자의 이미지는 실패하거나 분열하며 왜곡되는데 주체에게 타자의 공간들은 '악몽'을 품은 밀폐된 공간이다. 이는 주체의 어느 기억과 연결되어 있고 주체는 열린 문을 통해 기억의 어느 기점을 보게 되는 것이다.

> 어제처럼 내일도 우리는
> 상자 속에 가지런히 담겨 있어요
> 아침이면 다정한 햇살과
> 가벼운 모닝인사를 하죠
> 모형접시와 모형포크가 포개진
> 식탁을 펼쳐요
> 영원히 썩지 않는 식탁 위에
> 어제와 다를 것 없는 내일을 차려요
> 케이크에 꽂은 촛불이
> 미세하게 떨리는 걸 알지만
> 가짜는 언제나 정교하죠
> 쉿!
> 문밖의 문이

문안의 문이 덜커덕거려요

　　　불이 켜지고 바람이 도착했어요

　　　나는 눈을 감아버렸지요

　　　발자국들이 웅성거리기 시작했어요

　　　문이 열리면 언제 그랬냐는 듯

　　　방은 근엄해지곤 하지요

　　　가짜가 진짜로 바뀌는 순간이에요

　　　전시용 침대에서 긴 잠을 깼어요

　　　상자가 내일을

　　　송두리째 쏟아 버릴 거라고

　　　가짜들이 수군거리기 시작했어요

　　　　　　　　　　　　　　　　─「룸」 전문

　「룸」에서 타자의 공간은 '상자'로 표상된다. 이 공간은 밀폐되어 있다. 그리고 분명하게 배치된 가구와 서랍, 창문 같은 방 안의 사물들은 불분명한 의식의 일부로 변형되고 유리되어 꿈의 형상으로 조영된다. 주체는 자신이 "상자 속에 가지런히 담겨 있다"고 진술한다. 주체가 담겨 있는 이 공간은 "문 밖의 문이/ 문안의 문이 덜커덕거리"고, "발자국들이 웅성거리"는 진상眞像과 허상虛像이 뒤바뀌는 타자의 공간으로 나타난다. 주체는 이 공간에서 '눈을 감아 버리지만' 주체는 허상이 진상이 되는 순간들을 목격하고 가짜들이 수군거리는 것을 듣는다. 「룸」에서 확인할 수 있는 이미지의 연쇄는 의식의 흐름에 있다. 이 의식의 흐름은 불특정한 '시어'에서 시작되어 낯선 이미지를 환기하게 한다. 낯선 이미지의 연쇄는 다층적인 타자의 세계를 유기적으로 형상화하는데, 이러한 이미지는 순간적인 착란으로 이뤄진다. 그 간극 속에서 타자가 등장하며 타자의 공간이 그려지는 것이다. 밀폐된 타자의 공간은 '서랍'(「이름」)으로, 빛이 모두 압사한 '심해'(「긴 잠」)와 지퍼를 닫는 '가방'(「야경」)으로 등장하는데, 이 공간은 주체가 타자와 마주하는 장소로 상정된다. 주체에게 '상자'는 곧 쏟아져 버릴 공간이고, '심해'와 '가방'은 죽음과 깊은 어둠이 깃든 공간으로 나타난다. 주체에게 이 타자의 공간은 위태롭고도 불안한 '각자의' 주소로 기명돼 있다. 주체는 불현듯 '개폐'되는 타자의 세계에서 '문'에 천착한다.

>
> 그를 노크한 순간 태어난 광기
> …(중략)…
> 그는 끝내 열리지 않는다
>
> ―「큐브」부분

> 나는 오래된
> 나를 닫아걸고
>   ―「나는 형질이 다른 두 개의 슬픔을 발견한다」부분
> 열어야 할 문은 얼마나 더 남았을까
> 수없이 복제되는

문들이 하산을 서두르고 있다

　　　　　　　　　　　―「열쇠」부분

문을 닫을수록 복도는 길어졌다

문은 밖에서만 잠그는 게 아니라

안에서도 잠그는 것이었다

　　　　　　　　　　　―「꿈꾸는 요양원」부분

그가 닫힙니다

이제 그는

안을 보여주지 않습니다

…(중략)…

그는 여전히 굳게 닫혀 있습니다

　　　　　　　　　　　―「문」부분

밖은 안을 외면하고

안은 밖을 외면한다

　　　　　　　　　　　―「결로」부분

　문은 안과 밖을 구획하고, 출입을 경험하게 하는 일상의 도구이지만 주체에게 문은 가짜와 진짜가 뒤엉켜지고 허상虛像과 진상眞像의 경계가 소실되는 불안과 위태로움의 공간이다.

문 앞에서 주체는 '안과 밖이 서로를 외면하는' 불안과 의심을 경험한다. 주체가 타자의 세계로 진입할 때 주체의 완곡한 현실과 비현실의 경계가 상실되는 것이다. 이때 타자와 타자의 세계는 주체의 어떤 기억으로 왜곡된 상像을 그려낸다. 주체가 열린 문을 통해 바라보게 되는 것은 빛이 투과되는 창이 아니다. 왜곡되어 반영되는 허상이며 금이 간 거울이다. 모서리가 무너진 기억의 단면이다. 주체의 거울은 영원히 깨져 있기 때문에 타자의 세계에 맺힌 상像은 왜곡되고 비틀어져 있다. 타자의 세계에 반영된 정경은 분명하고도 불투명하며 익숙하면서도 낯설다. 주체가 보는 '주체'는 결국 타자가 될 수밖에 없으며 형상은 깨진 이미지로 등장한다. 그 파편은 주체로부터 금이 난 '기억'의 기점, 두드려도 열리지 않는 '기억' 속에 있다. 문 앞에 선 주체의 고백처럼 "슬픔의 계보를 따라가면/ 금 간 기억 하나쯤"(「짜깁기」)을 발견할 수 있는 것이다. 타자는 그때 온다. 손바닥에 깃든 어둠을 찬찬히 확인하는 어느 구석쯤, 타자의 세계는 문틈에서 서서히 도래하며 한밤의 악몽처럼 엄습한다. 타자가 단번에 문을 열고 주체와 마주할 때 발밑으로 떨어지는 조각은 주체의 기억에 있다. 그것은 끔찍한 표정과 얼굴로 나타난다.

    닭은 마당 한 귀퉁이
    수도계량기통에 빠져 죽었다
    벼슬이 막 자라기 시작한

닭을 묻으러

마당을 파는 동안

한 뼘의 생략된 주검에서

검은 물이 뚝뚝 흘렀다

어린 닭의 이불은 침묵일까

불안을 파헤치자 의심은

흙을 파는 내내 흘러나왔다

담장이 무너질 거라는

옆집 외순이 엄마의 외침 따위는

귀 밖으로 흘릴 만큼

우리는 조숙했다

죽음이 칭얼거리는 소리가 매일

잠꼬대처럼 들려왔다

동생과 나는 그 끔찍함을

은폐하려 십자가를 찾았다

피멍 든 손톱으로

마당을 파고 또 팠지만

십자가는 재연되지 않았다

―「오프너」 전문

「오프너」에서 주체가 '흙을 파는 행위'는 '문을 두드리는 행위'와 맞닿아 있다. 주체는 어떤 죽음을 목도하고 있으며 그 죽음으로부터 환기된 죄의식을 부정하려 한다. 죽음을 직면하려고 하는 주체의 행위는 현실이 아닌 비현실에서 이뤄진다. 죽음을 묻기 위해 흙을 파는 행위와 흙을 파내 죽음을 대면하려는 행위가 아이러니하게 겹쳐져 있는데 흙을 파낼수록 마주하는 것은 십자가의 대속이 아닌 '의심'과 '불안'이다. 주체가 흙을 파내면서 갈구하는 것은 죽음에서 오는 깊은 죄의식과 대속에 대한 강렬한 바람이다. 죽음에 깊이 천착할 때 죽음은 사라진다. 십자가에 걸린 죽음을 통해 죽음은 소거되는 것이다. 죽음을 전복하고자 하는 '피멍 든 손톱'은 주체가 할 수 있는 맹렬한 노크이자 손을 내밀어 구원을 바라는 구도의 자세일 것이다. 그러나 타자의 세계는 타자로부터 온다. 문은 안에서 잠기며 문은 안에서부터 열린다. 문은 두드려도 열리지 않으며 흙을 끊임없이 파내도 '십자가는 재연되지' 않는다. 오히려 흙을 파내는 행위는 주체에게 커다란 상흔으로 남는다. 구덩이에서 끝없는 의심과 불안이 나타나고, '죽음이 칭얼거리는 소리'가 끊임없이 밀려오기 때문이다.

   결국 노크하는 주체는 실패한다. 죽음을 묻으러 흙을 파냈지만 문은 열리지 않으며 죽음은 장사葬事되지 않기 때문이다. 주체는 소거된 죽음의 흔적만을 대면할 뿐이다. 주체가 문밖에 또 다른 문을 만나고 문안에 다른 문을 확인하는 것처럼 '피멍 든 손톱'으로 '철근에 찢긴 아버지'(「퇴로」)와 '눈이 퀭한 할머니', '수로 쪽으로 돌아 누운 엄마'와 '내일 죽은 동생'(「요일들」)을 파낸다. 결국 장사葬事되지 않은 '익반죽 된'

기억이 쏟아질 뿐이다. 「오프너」에 등장하는 주체는 끊임없이 착란하지만 결국 죽음에서 벗어나는 일에 실패한다. 최후의 '오프너'가 없는 주체는 문을 스스로 열 수 없으며, 문을 두드려도 문은 열리지 않는다. 주체는 속죄하지 못하고 '피멍 든 손톱'으로 죄의식의 상흔을 파고 다시 팔 뿐이다. 타자의 세계는 타자로부터 오며 문은 문안의 타자만이 열 수 있다.

    엄마가 밤새
    내 머리를 휘휘 젓고 있다

    나무주걱을 들고
    윗목에서 아랫목으로
    지하에서 지상으로 휘저을 때마다
    발육이 더딘 나는
    자주 경기를 했다

    경기에서 깨는 날이면
    나는 나로부터 점점 멀어져갔고
    불면은 길어졌다

    발효가 늦는다는 건
    무취의 날 또한 길어진다는 것

       섞이는 일에 서툰 내가
       제 빛깔을 잃자
       뜨거워질 수 없는 방이 차갑게
       나를 분리하고 있었다
                     ─「플레인 요구르트」 전문

 「플레인 요구르트」에서 주체는 자신이 제어할 수 없는 의식의 '분리'를 경험한다. 의식이 분리되는 순간은 내가 '그만 나를 놓치고'(「지극히 사소한 혹은 몽환적인」), '젖은 발이 꿈속으로 말려들어'(「광대들」) 가는 타자의 시간과 맞물려 있다. 현실과 분리되는 주체는 팔이 짧아 꺼내 줄 수 없는 '엄마'와 마주하고, 코피를 자주 쏟는 '동생'과 대면한다. 결국 주체가 바라보는 타자는 '긴 잠에 빠져드는 이름들'(「긴 잠」)이며 깨어진 기억의 파편들이다. 이 망각의 증상은 '빠르거나 구체적으로 다가온다'(「건널목」). 밀폐된 자신과 '뜨거워질 수 없는' 방이 물과 피로 쏟아지듯 주체는 자신과 분리되고 단단한 현실과 유리된다. 「플레인 요구르트」에서 주체는 자신에게 밀폐되어 있는 죽음과 깊은 죄의식에 천착한다. 그것은 주체의 손이 닿지 않는 곳에 있다. 물에 잠긴 문 너머에서 시작되는 비일상적 사건이며 길을 가다 먼지를 뒤집어쓴 아버지를 만나는 일(「데자뷔」)과 같은 것이다. 그 일이 반복될수록 주체는 '섞이는 일에 서툴고', '제 빛깔을 잃었'(「플레인 요구르트」)으며 자기 안에 내재한 "이 지루한 동거가 언제 끝나는지 도무지 알 수가 없다"(「룸메이트」)고 고백한다. 의식의 분리는 자신 안에 밀폐되어 있기 때문에 착란의 원형이 되는 엄마는 타자의 위치에 놓인다. 의식이 분리된 주체가 바라보는 타자의 세계는 금이 간 기억, 들끓는 착란에서 비롯된다. 『오프너』에 등장하는 타자는 죽음에 가까이 있거나 어딘가 금이 가 있으며 함부로 깨져 있다.

> 빗줄기가 다급히 현관문을 두드린다
> 사이렌 소리가 주춤하는 사이
> 남자의 목이 빗줄기에 감겨든다
> 모두가 잠들었지만 잠들지 못하는 밤
> 핏자국 선연한 고양이의
> 날 선 울음이 아파트단지를 긁고 있다
> 구급대원이 조심스레 불안을 수습하자
> 희극처럼 새벽이 찾아왔다
> 불면이 깊은 불안
> 벗어나려 할수록 비명 속으로
> 빠져드는 얼굴
> 침묵은 더욱 길어진다
> 마스크를 낀 얼굴이 지하철을 향해
> 계단을 내려가고 있다
>
> 목이 잘려 나간 그가

시간 밖으로 떨어진다

―「감염」 전문

　「오프너」와 「플레인 요구르트」가 자신 안에 내밀한 '기억'에서 시작되었다면 「감염」과 「한밤의 몽유」는 기억에서 벗어난 끔찍한 착란에서 비롯된다. 「감염」과 「한밤의 몽유」에서 확인할 수 있는 타자의 입상立像은 은폐된 '사건'과 '죽음'에 있다. 이 일련의 시에서도 현실과 비현실의 경계가 모호하며, '불안'과 '어둠', '얼굴'과 '목이 잘린' 타자가 반복해 등장한다. 이러한 위태로운 이미지들이 사방에서 침윤되는 까닭은 주체에 있다. 그것은 주체 안에 밀폐된 '불안'과 '의심'이 반영되어 나타난 타자의 세계이기 때문이다. "목이 잘려 나간 그가/ 시간 밖으로 떨어"지거나 "순간 정지된 그가 목이 잘려 나간/ 그를 내려다"(「한밤의 몽유」)보는 일은 「오프너」에서 등장하는 '닭'의 죽음과 맞닿아 있다. 긴 목이 축 늘어지거나, 잘린 목을 보게 되는 주체는 (자신 안에 밀폐된) "한 뼘의 생략된 주검"에 대한 기억에서 "검은 물이 뚝뚝"(「오프너」) 흘러나오는 타자의 시간을 맞게 되는 것이다. 「로드킬에 대한」, 「왜가리」에 나타난 타자들 역시 어떤 '사건'과 끔찍한 '죽음'을 직시하고 있으며 이는 주체의 밀폐된 '불안'과 '의심'에 대한 변형태일 뿐이다. 이 시들에서 각기 나열되고 있는 '죽음의 흔적'은 주체가 흙을 파고 파내서 결국 죽음을 장사하려는 의식과 같다. 그러나 주체는 악몽처럼 반복되는 죽음을 목도할 뿐 죽음으로 걸어 들어가지 못한다. 주체 안에 밀폐된 불안과 의심이 충동되고 쏟아질 때 주체는 '지독한 안개가 흘러나온' 눈으로 불안한 사건과 죽음을 목도하고만 있는 것이다. 주체가 보는 일련의 죽음들은 자신 안에서 밀폐된 불안의 이름들이며, 꿈속으로 미끄러진 "검은 리본"(「안개」)들이다. 주체는 끊임없이 문을 두드리고 흙을 파내서 '분리되지 않은' 자신을 대면하고 싶어 하지만 주체가 마주하는 것은 깨진 형상, 무너진 기억에 대한 타자의 세계뿐이다. 주체의 불안은 근원적이며 그 근원적인 불안은 주체의 은폐된 기억에 있다. 주체에게 열리는 타자의 공간은 왜곡된 기억의 장소이자 잠재된 비의식의 공간이다. 언젠가 주체는 불현듯 시작되는 타자의 시간에서 "건너오지 못하는 네가 건너가지 못한 내게서 점점 희미해"(「건널목」)진다고 고백할지 모른다.

  두드리면 열린다는 문은 없다. 우리는 단지 두드릴 뿐이며 문 앞에 서서 타자의 세계를 기다릴 뿐이다. 그러나 정작 우리가 마주하게 될 타자의 세계는 문 너머의 문일 것이다. 그것은 깨진 거울이다. 깨진 거울을 통해 바라보게 되는 것은 금이 간 기억의 파편들이다. 그것들은 불길처럼 나타나고 사라지며 눈을 뜨고 눈을 감는다. 문은 더 굳건하게 잠겨 있을 것이며 환한 곳에서 어둠은 더 깊어질 것이지만 우리는 여전히 문을 두드려야 한다. '두드리면 열린다'라는 그 오래된 말을 믿으며 어딘가에 '열쇠'가 있을 것이라고 확신하면서 호주머니를 뒤적여야 한다. 우리는 오늘도 끊임없이

끝없이 우리의 젖은 발을 꿈속으로 내밀어야 한다. 그렇게 건더야 한다.▨

| 최승아 |
2012년 『시와사상』 신인상으로 등단.
부산 작가회의 회원.

이메일 : choiys0707@naver.com

오프너 ⓒ 최승아
―――――――――――――

초판 인쇄 · 2019년 12월 20일
초판 발행 · 2019년 12월 24일

지은이 · 최승아
펴낸이 · 이선희
펴낸곳 · 한국문연

서울 서대문구 증가로 31길 39, 202호.
출판등록 1988년 3월 3일 제3-188호
대표전화 302-2717 | 팩스 · 6442-6053
디지털 현대시 www.koreapoem.co.kr
이메일 koreapoem@hanmail.net

ISBN 978-89-6104-259-8 03810

값 10,000원

* 잘못된 책은 바꾸어 드립니다.

* 이 시집은 2019년 부산광역시, 부산문화재단 지역문화예술특성화지원사업의
지원으로 제작되었습니다.

이 도서의 국립중앙도서관 출판시도서목록(CIP)은 서지정보유통지원시스템 홈페이지(http://seoji.nl.go.kr)
와 국가자료공동목록시스템(http://www.nl.go.kr/kolisnet)에서 이용하실 수 있습니다.
(CIP제어번호: CIP2019052082)